Roseleine Cristina

62
COMBINAÇÕES
+ Mega
da virada

GANHE NA MEGASENA TUDO O QUE VOCÊ PRECISA SABER PARA FICAR RICO

MEGA-SENA

Roseleine Cristina

בס"ל

Roseleine Cristina

סאל

GANHE NA MEGASENA TUDO O QUE VOCÊ PRECISA SABER PARA FICAR RICO

"O Determinado sempre acha o Caminho certo"

Roseleine Cristina

Roseleine Cristina

בס״ד

OS DIREITOS RESERVADOS

DO AUTOR

FRASES CO-RELACIONADAS, E IDÉIAS GRÁFICOS E PROGRAMAS; CONTEÚDO INFORMATIVO MOTIVACIONAL E DE ACONSELHAMENTO

Autor: Roseleine Cristina
Design Gráfico: Ana Júlia B.S
(23) Coprights – Reserved Rights

ISBN 978-989-33-5135-2

9 789893 351352

Roseleine Cristina

סאל

Quem Não Aposta. Não Ganha.
Tudo aquilo que o
Pensamento Humano conceber, poderá ser
capaz de Realizar.

Você Se Torna   aquilo em

Que é capaz de Acreditar

Roseleine Cristina

Esta Obra vem com 103 *Combinações Numéricas* + BÔNUS Extra para Mega-sena da Virada + os Números *da Sorte de seu Signo.* Além de estar incluso 33 Afirmações Poderosas para Ganhar, Referência do Cabala - Prosperidade. E Conteúdo Informativo sobre Regras Burocráticas para Resgate do Prêmio e Dicas de como investir o Dinheiro.

Roseleine Cristina

סאל

ÍNDICE

"Mais que um Livro, um Manual da Sorte"

A Mega-sena e sua História _____ 09

Como criar uma combinação Digna de Milhões__11

Trabalhando sua Intuição para Ganhar_____14

Combinações Numéricas para Apostar_____24

O Poder do Pensamento Positivo e a Loteria_____28

Números da Mega-sena para os Signos_____ 37

Mais Combinações Milionárias_____ 50

Como atrair um Prêmio Milionário usando a Lei da Atração_____ 54

Como Criar minha Própria Sorte_____59

Perguntas e Respostas da Mega-sena_____66

Afirmações Milagrosas para Ganhar_____ 99

Como Investir Prêmio da Mega-sena_____115

Roseleine Cristina

Desvendando o segredo para Ganhar na Mega-sena_____127

23 Palavras que Atraem Riqueza_____128

Planilha do Ganhador-Escreva seu projeto_____135

COMBINAÇÕES ESPECIAIS PARA MEGA DA VIRADA__141

BIOGRAFIA DO AUTOR _____ 148

Deseja Ficar Milionário Noutro País_____152

Uma Prenda para o Leitor_____ 153

Roseleine Cristina

Quem gosta de Apostar na loteria sabe que é preciso contar com MUITA sorte para ganhar algum prêmio, especialmente quando se trata da Mega-sena. Você, por acaso, conhece um pouco da história e da origem deste jogo? Pois, essa é uma das modalidades que mais faz sucesso no Brasil.

Onde posso efetuar as apostas

da Mega-sena?

Roseleine Cristina

Apostas na MegaSena podem ser feitas por três canais: pelas lotéricas da Caixa, pelo site das Loterias Caixa ou ainda pelo aplicativo. Os clientes da Caixa Econômica Federal também têm a opção de apostar pelo internet banking do banco.

Roseleine Cristina

Como criar uma Combinação

Digna de Milhões?

Logo a seguir vou lhe indicar algumas idéias, e de como usar a Lei da Atração que poderão influenciar seu destino de forma que venha atrair o Prêmio da Loteria.

Este livro contém Combinações Numéricas prontas para apostar, +Um bônus de apostas especiais para a Mega da Virada + combinações específicas para o seu Signo + Planilha do Ganhador, onde poderá escrever o seu Projeto + Afirmações poderosas para Ganhar + um Plano e Orientações de como investir, e Resgatar o Prêmio com total Segurança.

Para ganhar você precisa entender que:

Roseleine Cristina

11

סאל

Podes escolher uma das mais diversas formas de ganhar. Mas este Este é um dos primeiros passos para quem deseja:

✓ **Participar de todos os sorteios**

A sorte vai mesmo de encontro aos que estão preparados, participar de todos os sorteios aumentam suas chances.

✓ **Faça uma aposta**

Roseleine Cristina

Nem que seja uma aleatória, a das máquinas, pois se não tiver nem palpite. Sem Aposta não há bilhete, sem bilhete não há prêmio. Tenha paciência consigo mesmo siga o passo a passo de como escolher os números.

✓ **criar uma rotina de Apostador**

Manter uma frequência de Jogo, essa rotina ajuda a manter o alinhamento com o seu desejo, não fique obcecado. Estou a falar de determinação e não de obsessão.

✓ **Estratégias para Ganhar**

1.Combinações

2. Cálculos

3. Intuição

4. Técnicas da Lei da Atração

5. Pensamento Positivo – Exercício da Fé

Roseleine Cristina

סאל

TRABALHANDO A SUA INTUIÇÃO PARA GANHAR NA LOTERIA

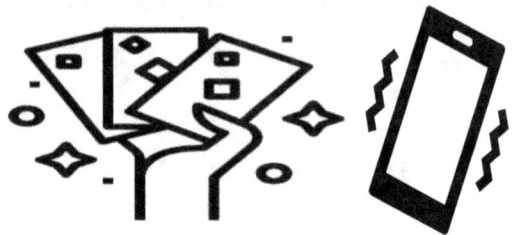

✓ **Intuição Mensal Semanal Diária ou Instantânea**

Quando abordamos sobre intuição, temos obrigatoriamente falar sobre palpite. Quando uma pessoa recebe uma intuição ou originária de um pensamento criado ou vinda no de repente, ela automaticamente forma uma opinião ou a idéia e é onde que entra o palpite.

✓ **Escute o seu Eu Superior**

Quando comecei a escrever obras literárias não foi palpite, foi um toque de inspiração, eu tive a ideia, surgiu através de um pensamento. O palpite vem através de um pensamento, mas é diferente da

Roseleine Cristina

14

intuição. Geralmente quando você recebe a intuição tem logo o palpite. Entretanto nem sempre que tem um palpite é intuição. Uma coisa sempre ou quase sempre dá origem a outra.

Qual o porquê estamos trabalhando com esta tese?

Porque o apostador precisa trabalhar a sua intuição e entendê-la melhor, para que possa usufruir da sorte, quando ela vier saber aproveitá-la.

Quantas oportunidades perdemos por não ouvir o nosso "Eu Superior", claro isso não acontece da noite para o dia. É preciso paciência e determinação, um querer de fato e trabalhar a espiritualidade. O que ninguém pensa muito, é só nos números e não entende a verdadeira ligação entre a o caminho entre mente do Apostador e o resultado da Aposta.

Isso envolve números aposta e bilhete, numa matemática simples, mas na Lei da atração isso não funciona assim.

Roseleine Cristina

15

✓ **Combinação Matemática Intuitiva**

De repente o apostador tem uma idéia resolve usar a soma das idades, ou as datas dos familiares para apostar. E porque não?
Usar as contas os números pessoais podem dar certo na ausência de um palpite.

✓ **Adivinhação**

Tentar adivinhar, é ser mesmo audacioso. É com certeza o desejo de muita gente. Tarólogos fazem previsões, astrólogos estudam os astros, mas adivinhar os números, isso sim é proeza. Tem gente que sonha com as combinações, e é mesmo um presente do universo se isso acontecer com você. Eu fico admirada com a quantidade de gente que faz macumba, para prejudicar o próximo, e porque não faz então para ganhar na Loteria.
Há mais mistérios entre o céu e a terra do que se pode imaginar.

✓ **Conciliando os Números Pessoais**

E porque não usar os números de seus documentos?
Já que isso nos acompanha por toda vida, o número do CPF, da Identidade, do Título de Eleitor,

Roseleine Cristina

16

e tantos outros que vai desde o nosso nascimento até a maioridade. E até mesmo, depois que morre, ainda tem a certidão de óbito. Me deu vontade de rir agora, quem vai usar a certidão? O defunto não precisa da grana da Mega- sena, mas os herdeiros sim. Lá no além não se usa dinheiro, pelo menos acredito que não. Enquanto seguimos aqui no mundo dos vivos o dinheiro fala mais alto, é ele que manda na vida e no estilo de vida, e na cabeça das pessoas. Então se for conveniente aposte seus números.

✓ **Conciliando as Datas Especiais**
Lembra aquela viagem que você fez que marcou a sua vida?
Pois é essa mesma, o número do vôo, o bilhete aéreo, o número do ônibus, o assento, a placa do carro todas essas coisas têm combinações numéricas e a gente muitas vezes não percebe todo o tempo os números falam conosco.
E o dia do primeiro beijo? E a primeira Keca, do Love? Existem tantas datas que marcam nossos momentos e porque não usufruir dessas datas?

Roseleine Cristina

17

✓ **Dados da Conta Corrente e Poupança**
Sim. A combinação das suas contas bancárias, é la mesmo que vais receber a bolada toda. Faltou intuição, está sem palpite?

✓ **O Recibo da Padaria da Esquina**
Esse mesmo, saiu de manhã para tomar o cafezinho, então já aproveita guarde o cupon fiscal, as notas da Loja, e todos os estabelecimentos comerciais que você entrar, use-eles para fazer sua aposta milionária.

✓ **O Posto de Gasolina**
Vai abastecer o carro? Então é agora mesmo, pegue o número da máquina que tirou a gasolina, talvez é ele que vai lhe dar sorte

Roseleine Cristina

סאל

✓ **O Número da sua Casa**

Sim, o seu legado de vida, onde tiveste todos ou quase todos momentos que compõem suas fases, este número lhe acompanha por anos, ele é como se fosse um amuleto de sorte.

✓ **O Telefone Celular**

Seja lá qual for a marca ou modelo, novo ou seminovo, moderno ou antiquado, este número é a principal forma de contato contigo. Faça uso dele. A sorte pode andar contigo todos os dias. Nunca se sabe.

E olha só que interessante, na maioria das vezes a gente até sabe de cor.

Roseleine Cristina

✓ **De vez em quando Jogar mais de 06 Números na Cartela**

Não sugiro todos os dias, mas de vez em quando marcar um número a mais, ao invés de 06 números, marcar mais um ou dois. Evidentemente

o preço vai ficar um pouco salgado, ou seja; vai aumentar consideravelmente o valor da aposta. Mas pode ser que valha a pena arriscar.

No bilhete da Mega Sena da virada, preencha todos os números que deseja apostar. Logo abaixo dos dois espaços para fazer jogos, há um campo para indicar quantos números você está escolhendo.

Marque a quantidade correta, e o terminal da loteria fará a leitura e passará o valor total da aposta.

✓ **Características Físicas:**

Gordo ou magro baixo ou alto, não interessa o seu físico o que importa é acertar as combinações da Mega-sena, e se pensas assim podes usar os

Roseleine Cristina

números de suas medidas, a estatura, o peso, e usar como palpite.

✓ **Bolões**

Boa opção, quando a grana faltar ou tiver mesmo na pindaiba, sem recurso então junte os amigos, a galera do trabalho e faça um bolão, cada um escolhe uma combinação e apostam números diferentes.

Alguém do Grupo nomeia um apostador que ficará com a responsabilidade do bilhete, e os demais com as cópias. Não deixa de ser uma boa idéia pois não?

Mas tem sempre um engraçadinho que quer bancar ou dar uma de esperto, e fica pensando "eu podia ganhar sozinho. Então que jogue sozinho. Na cartela basta escolher os números e, no último campo, indicar quantas cotas serão.

Apostas de seis números só podem ter nove cotas, e as de sete dezenas têm limite de divisão em 63 cotas. Para apostas maiores, o máximo é de 100. Mas verifique essa informação junto a casa de apostas, pois regras e o regulamento podem

Roseleine Cristina

21

sofrer alterações as informações aqui supracitadas tem caráter apenas informativo.

Os bolões das casas lotéricas ficam, geralmente, expostos no vidro do caixa, o bom é que a quantidade de cotas, de apostas e de números por aposta já vem definido.

✓ **Leve os Números para Dormir com você**

Nas noites que antecedem o sorteio, durma com eles. Coloque-os debaixo da cabeça, dentro da fronha e canalize boas energias, isso é muito bom para quem deseja sonhar com os números.
E se não tiver feito a aposta?
Neste caso durma com a folha em branco, pois estará pedindo para seu cérebro intervir na aposta milionária.
Se funciona ou não? Cada pessoa tem uma experiência única. Não faça para ver se acontece, o do tipo "ver para crer". Faça para acontecer, faça

Roseleine Cristina

para dar certo. A incredulidade de nada vai ti ajudar. Aliás uma mente incrédula é pouco fértil, para estimula-la é preciso determinação em tentar controlar seus pensamentos. Pense. Nisto. E não só; reflita. Tome uma atitude. Pensar negativo lhe ajudou em que, até agora?

✓ **Praticando a Lei da Atração**

Você ainda não Ouviu falar na Lei da Atração? E A Força do Pensamento Positivo? Se não ouviu algo a respeito está na hora de abrir os olhos espirituais e ter o Despertar da Consciência.
O que seria isso?
É um Método em que você trabalha a Força do Pensamento e através da mente atrai de forma prática os seus Desejos e conquista seus Objetivos. Quer saber mais? Continue Lendo o Livro, até o Final.

✓ **Pratique as Afirmações da Riqueza;**
no final deste Livro.
Que afirmações seriam essas?
São frases que ativam seu cérebro a fim de Reprogramá-lo para que você possa atrair o que deseja.

Roseleine Cristina

66
COMBINAÇÕES NÚMERICAS PARA APOSTAR

Resolvi trazer combinações que vão fazer de sua experiência com jogos algo novo. Elas estarão distribuídas por todo o Livro. E vais jogar e depois vais me contar como foi a sua experiência. *Podes enviar seu feedback para o Email:* readertoservice@gmail.com

E ainda concorrer a Cursos Gratuitos, Brindes e Convites para Seminário. Aproveita e diz um pouco sobre o que achou das combinações e como foi sua jornada com os sorteios.

Tente entender como funciona a Lei da Atração e a Força do Pensamento Positivo. Com certeza será uma grande viagem da qual sua vida provavelmente nunca mais será a mesma.

Roseleine Cristina

As combinações estarão distribuídas pelo Livro.
Boa Sorte!

Roseleine Cristina

LOTE 01 de APOSTAS:

1ª

PRIMEIRA COMBINAÇÃO MILIONÁRIA PARA
A MEGASENA   07 12 23 47 55 60

2ª

SEGUNDA COMBINAÇÃO MILIONÁRIA PARA
A MEGASENA   11 13 16 36 53 57

3ª

TERCEIRA COMBINAÇÃO MILIONÁRIA PARA
MEGASENA   12 33 35 36 44 52

Roseleine Cristina

סאל

4ª 👑

QUARTA COMBINAÇÃO MILIONÁRIA PARA A MEGASENA   09 16 31 41 53 55

5ª 👑

QUINTA COMBINAÇÃO MILIONÁRIA PARA A MEGASENA   04 13 20 22 25 60

6ª 👑

SEXTA COMBINAÇÃO MILIONÁRIA PARA A MEGASENA   09 18 23 42 47 49

Roseleine Cristina

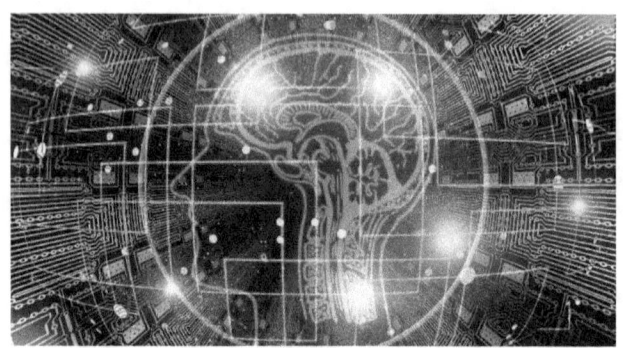

O Poder do
Pensamento Positivo
&
a Loteria

Roseleine Cristina

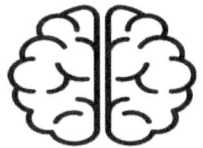

O Poder que tem o ser humano quando ele pensa da forma certa, poderia atrair e conseguir tudo o que deseja, ou isso lá é conto da carochinha? Conto de Fadas? **Pensar positivo,** realmente atrai coisas boas para a nossa vida? Será que a nossa mente tem mesmo o poder de mudar o curso do nosso futuro?

A ciência está cada vez mais perto de provar que sim, que a nossa mente conduz nosso estado de espírito, e nossa mente controla nossos pensamentos e nosso pensamento controla nossa mente. Evitar que pensamentos ruins invadam nosso cérebro não é uma tarefa fácil. Mas impedir que eles façam morada isso é desafio para você.

Ganhar na Loteria parte da população Mundial, anseia um prêmio de Loteria, e como meu pensamento pode atrair isso para mim?

É muito comum pessoas acharem que a vida delas será muito mais fácil, ou completamente feliz se

Roseleine Cristina

tiver uma quantia grandiosa na conta, ou se for milionária. Entretanto assim que ficam milionárias descobrem que não funciona bem assim.

O dinheiro satisfaz sim todos ou quase todos os nossos desejos e vou lhe dizer uma coisa; não vai demorar muito e você poderá contar, pois nada melhor que viver essa experiência na pele, não acha?

O dinheiro traz ou não a felicidade?

Claro que sim. Em alguns casos, a tragédia mora ao lado, basta um pouquinho de dinheiro ou poder nas mãos que o ser humano logo manifesta o seu verdadeiro caráter, a sua verdadeira personalidade vem para fora. É evidente que o dinheiro tem grande relevância e influência e muito na forma da pessoa agir, pensar, vestir, se comportar.

Mas o bonito, o que vem de dentro está lá no seu interior e isso o dinheiro não muda. Você é o que você é e com dinheiro ou sem seu caráter está dia a dia se manifestando através de suas atitudes.

Não adianta viver uma coisa e fazer outra. Talvez você engane seu parceiro, sua mãe ou o seu pai, e

Roseleine Cristina

30

מאל

se calhar esteja enganando a si, mesmo, pois pode ser que tenha criado uma imagem de si próprio que somente existe na sua cabeça. Não é real. *Mas o que é real?* Aquilo que você mostra para as pessoas, ou o que você é de fato?

O dinheiro traz felicidade, sim, a felicidade momentânea, o prazer, a satisfação, a alegria, mas ele não impede que você não tenha sofrimento, lutas provações, tristezas, e problemas todos tem e ninguém escapa dos dilemas da vida.

Claro que uma conta recheada de milhares de reais é sempre bem-vinda, e um prêmio da Loteria iria facilitar sim, a vida de muita gente.

Mas ninguém consegue se manter feliz o tempo todo, alegre o tempo todo. Somos humanos seres limitados, choramos, sorrimos nos alegramos e nos odiamos sem causa. Mas o dinheiro é sim um grande instrumento, depende das mãos, depende como cada um lida com ele. **E o meu pensamento como deveria ser direcionado?**

O poder do pensamento positivo é algo fantástico, ele faz com que você viva uma vida melhor.

Roseleine Cristina

se mudarmos a forma como pensamos nas situações à nossa volta, conseguiremos mudar o nosso comportamento e alcançar resultados positivos para a nosso bem-estar.

Você é o que você come, você é o que você pensa. E quem deseja ganhar, deve alimentar seu corpo espiritual, ou seja; sua Mente, com a postura de Ganhador, a postura de fé, e não só isso, mas de como administrar todo esse dinheiro.

É o que diz muito estudiosos desta área, para mim se tornou quase um estilo de vida.

O que é o pensamento positivo?

É canalizar o seu pensamento para uma boa realidade, não é viver no mundo da fantasia como tudo diz. Ao que parece para muitos uma verdadeira loucura, e não é nada a realidade está para provar, que ninguém é obrigado a viver nessa realidade atual, e se deixar influenciar pela notícia e acontecimentos.

Pague suas contas, coma a sua comida e viva feliz.

Roseleine Cristina

מאל

O problema é exatamente este, as vezes falta o alimento, falta a saúde, falta quase tudo e se torna difícil manter a idéia de que as coisas vão melhorar.

Isso é problema seu, decida pensar que as coisas vão melhorar, que você vai vencer que vai dar certo. De um modo ou de outro vai dar certo, vai fluir vai acontecer, a felicidade vai dar um jeito de ti encontrar. Busque-a dentro de você. Ela vem de dentro, não de fora. Tem coisas que o dinheiro não compra. E não compra mesmo. A paz de espírito por exemplo essa nenhuma mega-sena compra.

Quando é que eu consigo criar ou manter o pensamento positivo?

A partir do momento que refletimos sobre ele e **transformamos os pensamentos negativos em positivos. Quando você aprender isso finalmente será capaz de conduzir sua mente e seus sentimentos para onde quiser.**

O **poder do pensamento positivo está** sendo aplicado também em cursos motivacionais que utilizam metodologias de ensino e voltadas para a área de autoajuda, para o desenvolvimento pessoal

Roseleine Cristina

e profissional. Este ramo tem um alto crescimento. Os conhecidos Influencers da atualidade utilizam estas ideias como um dos principais para o crescimento de uma pessoa.

Como posso usar isso para atrair o prêmio da Loteria?

Me diga?

Mudando a forma de pensar, sobre o dinheiro, em primeiro lugar, entenda de uma vez por todas que você poderá ficar milionário ou muito rico de outras formas, esse é o princípio, aceite dentro de você essa idéia primeiro.

A de que você é capaz de ficar rico sim, de ser um milionário, **de ser feliz com ou sem o prêmio da Loteria**. Repita isso todos os dias para si na frente de um espelho até esse pensamento se tornar um fato que ninguém vai conseguir tirar de isso de você.

É controvérsia?

Estou entrando em contradição?

O pensamento positivo é usado também como filosofia de vida e para viver melhor, então partindo

Roseleine Cristina

34

סאל

do princípio que geralmente as pessoas querem ganhar, mas não acreditam que podem, de verdade.

Explicando melhor; 90% das pessoas querem ganhar, mas não acreditam que vão conseguir, e tentam usar a lei da atração e o pensamento positivo para atrair.

E conseguem atrair, funciona realmente?

Alguns conseguem algum resultado, a maioria não.

Se está tendo sucesso continue, mas se não me escute leia os meus livros e pratique meus ensinamentos e viva uma vida abundante.

Cure seu interior.

Leia de novo o que escrevi acima, e repita o pensamento de que você é feliz, e vai ser mais ainda, e que a Loteria vai apenas lhe trazer mais dinheiro, e com ele maiores realizações. Provavelmente se praticar isso constantemente em 01 ano estará com a mente mais saudável e em condições melhores para atrair a Mega-sena. O que não quer dizer que não estejas capacitado para atrair agora, para ganhar uma quantia milionária, você precisa acertar todos os 06

Roseleine Cristina

números. Mas ganhas também um bom dinheiro acertando com menos números, e isso vai depender de quantos ganhadores e do valor do Prêmio a ser dividido entre os participantes.

Quer que lhe conte mentiras?

Não vou inventar receita milagrosa, para vender mais um livro, a loteria é um jogo. Isso é um fato.

Mas não trate a sua vida como se fosse um.

Não trate as pessoas como se fossem um. Leve a sério o seu ideal, não brinque com a sorte, isto pode valer o seu futuro, se este Livro chegou às suas mãos não foi por acaso. O Universo tem um presente para você. Uma das causas o porquê as pessoas não ganham, não conseguem vencer e nem alcançar seus objetivos é por causa de uma coisa chamada: INCREDULIDADE.

Roseleine Cristina

סאל

NÚMEROS DA MEGASENA

PARA OS SIGNOS

Roseleine Cristina

Número da sorte de Peixes 08

08 26 36 41 48 57

O signo de Peixes pertence ao conjunto do elemento água. São pessoas com muita sensibilidade, possuem uma grande criatividade interior, e são propensas a analisar com sabedoria e perspicácia as situações cotidianas, para os nascidos entre 21 de fevereiro e 20 de março **o seu número da sorte é o 8**, esse número em formato de 02 círculos unidos representa a união entre os mundos e infinito e do ilimitado.

Roseleine Cristina

Número da Sorte de Áries 16

16 03 54 15 36 58

O nativo do signo de Áries é envolto de muita intensidade, para eles é "tudo ou nada, suas emoções estão sempre em alta por conta do seu elemento fogo. Tendem a ser pessoas muito ambiciosas, inteligentes e com grande espírito empreendedor. Sua Teimosia se transforma logo em qualidade é grande a sua persistência em alcançar seus objetivos. O **número que representa sorte para este signo é o 16**, que representa a Coragem e senso de independência.

Roseleine Cristina

Número da sorte de Touro ☐4

04 17 32 54 39 43

Os taurinos pertencem ao elemento terra e, por isso, São indivíduos que geralmente tem o "pé no chão," tendem ser bem racionais e visão a estabilidade financeira. Gostam de esbanjar elegância, entretanto odeiam o desperdício. **O número da sorte para este signo é o 04**, de acordo com a Numerologia representa equilíbrio e Estabilidade.

Roseleine Cristina

Número da sorte de Gêmeos 09

09 28 33 56 44 55

Os geminianos são considerados os de "duas caras" e por ter um temperamento um pouco instável, isso se deve porque costumam analisar os dois lados de uma situação e por isso e tendem a mudar de ideia com certa frequência por conta de seu elemento ar. A Prudência para eles é buscada com afinco, este signo é **representado pelo número 9**, que significa realização dos desejos e concretização dos objetivos.

Roseleine Cristina

Número da Sorte de Leão é 37

37 11 22 34 57 23

Os Leoninos Tem o espírito desbravador, Sua Energia é de Liderança, É um dos Signos de mais destaque do Zodíaco, possuem uma capacidade e convicção dos fatos, ótimo em influenciar pessoas, por vezes tem um charme para conquistá-las e as consegue as manipular facilmente., pois são extremamente atraentes e possuem espírito soberano. O **número da sorte de Leão é o 37**, é a união do número 3 que representa interação social e o 7, considerado o número da perfeição. Logo, os nascidos entre 21 de julho e 20 de agosto.

Roseleine Cristina

סאל

Número da Sorte de Virgem 22

17 01 22 39 41 59

O virginiano, tem senso crítico, é reservado e conservador, é do elemento terra este signo por sua vez busca estar sempre com os pés no chão. Tende a controlar as emoções e priorizar a Busca do equilíbrio e segurança financeira. Não é muito dado ao sentimentalismo e considerado muito racional. Por isso o **número da sorte de Virgem é o 22.**

Roseleine Cristina

Número da sorte de Libra 5

05 17 24 36 41 45

O Libriano é um sedutor nato, mas tendem mostrar muita insegurança em relação às pessoas, não costumam acreditar em tudo o que vêem, e a ponderar palavras e atos. Com grande senso de Justiça possuem uma grande necessidade de manter o equilíbrio e controle de suas atitudes por isso o **número da sorte de Libra é o 5**, retrato fiel de sua busca pelo Equilíbrio.

Roseleine Cristina

Número da sorte de Escorpião 13

13 04 24 39 49 59

O signo de Escorpião pertence ao elemento água, pode ser considerado um signo pacificador, calmo e as vezes tem um comportamento muito observador. Seu **número da sorte é o 13**. Apesar de alguns supersticiosos acreditarem que este número traz azar, para Escorpião isso é o contrário, este número representa concretização de projetos e realização de sonhos.

Roseleine Cristina

Número da sorte de Sagitário 30

18 03 14 30 43 57

Os sagitarianos possuem o espírito aventureiros por natureza, em grande maioria são extrovertidos gostam de viajar e estão sempre em busca de novos desafios, pois pertencem ao elemento fogo e emanam uma força interior muito grande o que contagia facilmente o ambiente onde se encontra. O **número da sorte para Sagitário é 30**, o algoritmo da Bravura destreza, criatividade e otimismo.

Roseleine Cristina

46

סאל

Número da sorte Capricórnio 21

21 06 12 58 41 31

Os capricornianos são conhecidos por gostarem das coisas muito as claras, coisa que é bem característico de um signo do elemento terra buscam sempre impor respeito transparência., apreciadores uma boa comunicação, desde que seja uma boa conversa Seu **número da sorte é o 21**, número da comunicação e do desenvolvimento.

Roseleine Cristina

Número da sorte de Aquário **27**

12 18 27 34 40 48

Os aquarianos são pessoas que possuem uma criatividade incrível além de serem extremamente inteligentes. Pertence ao elemento ar, demonstram grande interesse por causas sociais, tem espírito humanitário e solidário. Para eles o amor é o que mais falta neste mundo, por isso o número da sorte é o **27, o que melhor lhe representa.** Entre 21 de janeiro e 20 de fevereiro a se tornarem **os**

Roseleine Cristina

סאל

Número da sorte Caranguejo/Câncer 32

17 23 27 32 43 50

Os do Signo de Caranguejo são pessoas que possuem um senso de realidade fantástico, Idealistas, verdadeiros além de serem extremamente responsáveis. Não gostam de viver em conflito, prezam mais a paz pertence ao elemento água. Por isso o número da sorte é o **32, o que melhor lhe representa. Nascidos entre** 22 de junho a 22 de julho.

Roseleine Cristina

CONTINUAÇÃO
DAS COMBINAÇÕES
NUMERICAS
PARA APOSTAR

PARTE 02

Roseleine Cristina

סאל

LOTE 03 de APOSTAS:

7ª 👑

SÉTIMA COMBINAÇÃO MILIONÁRIA PARA
A MEGASENA   08 10 20 27 28 50

8ª 👑

OITAVA COMBINAÇÃO MILIONÁRIA PARA A
MEGASENA   02 09 34 49 51 55

9ª 👑

NONA COMBINAÇÃO MILIONÁRIA PARA A
QUINA   08 21 23 34 42 47

Roseleine Cristina

סאל

LOTE 04 de APOSTAS:

10ª

DÉCIMA COMBINAÇÃO MILIONÁRIA PARA A MEGASENA 04 18 29 47 48 59

11ª

DÉCIMA PRIMEIRA COMBINAÇÃO MILIONÁRIA PARA A MEGASENA 16 21 28 41 49 51

12ª

DÉCIMA SEGUNDA COMBINAÇÃO PARA A MEGASENA 04 09 31 32 42 46

Roseleine Cristina

LOTE 05 DE APOSTAS:
MEGA-SENA
07 12 23 47 55 60

13ª

DÉCIMA TERCEIRA COMBINAÇÃO PARA A MEGASENA   17 20 24 27 40 60

14ª

DÉCIMA QUARTA   COMBINAÇÃO PARA A MEGASENA   04 31 42 45 49 56

15ª

DÉCIMA QUINTA COMBINAÇÃO PARA A MEGASENA   11 17 25 38 52 57

Roseleine Cristina

COMO ATRAIR UM PRÊMIO MILIONÁRIO

USANDO A LEI DA ATRAÇÃO

Eu tinha mesmo o desejo forte de poder falar sobre muitas coisas neste livro. Mas nem todo mundo é beneficiário direto daquilo que diz, entretanto é ponte para outros.

Mas sim é possível sim, ganhar um Prêmio na Loteria usando a Lei da Atração, mas para isso, precisaremos entender de facto o que é e como funciona essa coisa de Lei da Atração, e na verdade o assunto é muito mais amplo do que se imagina.

Roseleine Cristina

O que a Lei da atração não é:

Um conto de Fadas.

A Lei da atração não é um conto de Fadas. é uma das Leis Universais. Dentre as muitas que existem.

Roseleine Cristina

Uma varinha mágica

A lei da atração não é nenhum amuleto e sim uma Lei, e essa Lei ti permite desenvolver o processo de atrair algo. Mas não faz milagres, mas muda a sua vida.

Roseleine Cristina

סאל

Não é o martelo do Thor

Se não assistiu nenhum filme da Universal, ou não conheceu nenhum herói da Marvel, devias.

Só assim entenderias o que estou a dizer. Você entende a Lei, desenvolve a técnica e atrai o que você quer. Mas não é um passe de mágicas.

Requer que tire a bunda do sofá e mude a forma de pensar. Primeiramente através do Pensamento, E depois da Atitude.

Roseleine Cristina

57

É possível sim. Tudo é possível. Por isso escrevi a Série: *Tudo é Possível com*. Um Manual Completo da Lei da Atração. É lá que é abordado detalhadamente como fazer um pedido ao Universo e ser atendido, e ser bem sucedido usando técnicas para gerir sua vida em todos os âmbitos.

PORQUE O SEU SUCESSO é O MEU SUCESSO.

Assim que você jogar e ganhar eu quero ser uma das primeiras a saber. Para celebrar a sua vitória. Mais um beneficiário da minha Técnica mais um ganhador.

Mas é somente na série tudo é possível com que conseguirás entender a LEI DA ATRAÇÃO, é o manual completo da Física Quântica.

Roseleine Cristina

בס״ל

COMO CRIAR MINHA PRÓPRIA SORTE?

Existem duas formas de entender a Sorte.

A primeira; você já nasce com uma. A segunda você a faz. Mas quando se trata de Lei da Atração, a estória é outra. Comece imaginando sua meta, que no caso é ganhar na Mega Sena. Traçado seu objetivo, agora é colocar em prática. Pense sempre que você já ganhou o prêmio. Pense no desejo alcançado, realizado. E o que estaria fazendo com ele? como ele te ajudaria no dia a dia?

Podes ler mais a respeito no meu livro sobre Física Quântica e Lei da Atração. Se **não nasceste com a sorte**, então vai precisar **atrair**

Roseleine Cristina

essa sorte, ou melhor dizendo para que entendas; fazer a sua própria sorte. Ou trabalhar a sorte que já existe, destravando-a no mundo espiritual. Os que estão de fato destinados a isso, vão ganhar mais dia, menos dia, vão ganhar.

Entretanto há aqueles que vão atras de seus sonhos e fazem eles se tornarem realidade. Se você fez de seu objetivo de vida ser um ganhador de Loteria, então seja o ganhador na sua mente. Visualize isso todos os dias.

Entre em contato comigo através do SAL-serviço de Atendimento ao Leitor no fim deste livro. Foi criada por mim para prestar auxílio á seu desenvolvimento pessoal.

Roseleine Cristina

סאל

LOTE 06 DE APOSTAS:

16ª

| DÉCIMA SEXTA COMBINAÇÃO PARA A |
| MEGASENA   07 16 19 22 28 55 |

17ª

| DÉCIMA SÉTIMA COMBINAÇÃO PARA A |
| MEGASENA   03 04 11 40 43 58 |

18ª

| DÉCIMA OITAVA COMBINAÇÃO PARA A |
| MEGASENA   08 09 17 30 58 60 |

19º

| DÉCIMA NONA COMBINAÇÃO PARA A |
| MEGASENA   12 18 24 49 59 60 |

Roseleine Cristina

LOTE 07 DE APOSTAS:

20°

VIGÉSIMA COMBINAÇÃO PARA A MEGASENA
05 10 25 32 49 54

21°

VIGÉSIMA PRIMEIRA COMBINAÇÃO PARA A
MEGASENA   25 28 29 34 41 45

22°

VIGÉSIMA SEGUNDA COMBINAÇÃO PARA A
MEGASENA 19 22 35 41 47 49

Roseleine Cristina

62

סאל

LOTE 08 de APOSTAS:

23º

VIGÉSIMA TERCEIRA COMBINAÇÃO   PARA A
MEGASENA   09 17 38 41 49 55

24º

VIGÉSIMA QUARTA COMBINAÇÃO PARA A
MEGASENA   03 19 34 41 48 53

25º

VIGÉSIMA QUINTA COMBINAÇÃO PARA A
MEGASENA   06 18 25 30 42 54

Roseleine Cristina

LOTE 09 de APOSTAS:

26°

| VIGÉSIMA SEXTA COMBINAÇÃO PARA A |
| MEGASENA   07 30 31 41 50 56 |

27°

| VIGÉSIMA SÉTIMA COMBINAÇÃO PARA A |
| MEGASENA   03 10 25 36 51 58 |

Roseleine Cristina

סאל

LOTE 10 DE APOSTAS:

28º

VIGÉSIMA OITAVA COMBINAÇÃO PARA A MEGASENA 19 28 30 34 40 51

29º

VIGÉSIMA NONA COMBINAÇÃO PARA A MEGASENA 05 09 11 16 43 57

30º

TRIGÉSIMA COMBINAÇÃO PARA A MEGASENA 02 12 35 51 57 58

Roseleine Cristina

PERGUNTAS
E
RESPOSTAS
SOBRE
A MEGASENA

Roseleine Cristina

PERGUNTA CHAVE 01

É Preciso jogar toda semana?

Isso, depende de qual a data que você pretende ser o ganhador. Como há dois sorteios, Isso, depende de qual data que você pretende ser o GANHADOR. Em 2023 dispõem-se de 03 sorteios semanais, a pessoa tem 12 chances de ser o milionário.

PERGUNTA CHAVE 02

Sou obrigado a apostar 03 vezes na semana?

R= Não. Mas se fizer 03 apostas por semana, Isso garante mais chances de ser o sortudo. Ou seja; se a Mega-sena tem 03 sorteios semanais, isso indica que terás mensalmente 12 sorteios Para efetuar a Aposta: Você deve escolher 06 números. Dispõe de números (de 1 a 60) Veja uma foto exemplo:

Roseleine Cristina

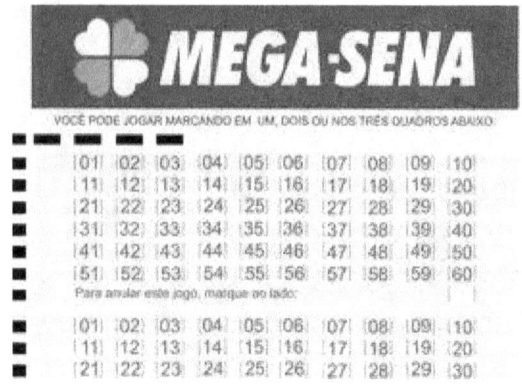

PERGUNTA CHAVE 03

Quais os Dias e a que Horas acontecem os sorteios?

R= Terça-feira, Quinta e Sábados, entre as 19:00 e 20H00 horas, mas o resultado, mas só, depois deste horário é que está disponível na Internet podes acompanhar pelo Site da Caixa.

Roseleine Cristina

PERGUNTA CHAVE 04

QUANTOS BILHETES DEVO
ADQUIRIR PARA PODER GANHAR?

Muita gente acha impossível ganhar na Loteria, entretanto independente de você acreditar ou não, quase todo mês sai um Ganhador ou mais.

PERGUNTA CHAVE 05

ENTÃO O QUE EU PRECISO SABER PARA GANHAR MILHARES DE REAIS NA MEGASENA?

R: **Acertar os 06 números da CARTELA**

Roseleine Cristina

Existe uma tabela disponível no site Portal da Caixa Económica Federal a e nos demais sites de busca da internet e quanto vais ganhar se acertares todos os dígitos. Claro, isso depende do valor acumulado para cada sorteio. Isso varia da quantidade de apostas e de quantos jogadores tiveram no último jogo.

PERGUNTA CHAVE 06

Posso Ganhar Valores Menores?

R= SIM. Há diversos tipos de premiações, caso você não acerte a combinação completa.

PERGUNTA CHAVE 07

Quanto Tempo leva, e como faço para receber o dinheiro?

Isso depende da quantia que você ganhou. E de onde foi efetuado a aposta, se foi online; através do Portal ou se foi pessoalmente em loja Física.

Prêmios de apostas realizadas; em Casa Lotérica ou, pelo Aplicativo Loterias Caixa, ou

Roseleine Cristina

70

no Site pelo Portal Loterias Caixa, os Valores até R$ 1.478,40 são retirados em qualquer casa lotérica e Agências da Caixa.

REGRAS; mas tem de apresentar o bilhete original da aposta, e além disso deve apresentar o código de Resgate de (06 Números) que é gerada no Portal de Loterias Caixa. Este código tem validade de 24 horas.

Fique atento ao prazo de Retirada você tem até (90 dias após o sorteio), para Reivindicar o Prêmio. Outra forma de Pagamento e opcional, é ainda por Transferência ao Mercado Pago, isso fica á escolha do Apostador. Dados coletados referentes ao ano de 2023. Essas informações devem ser verificadas junto a Patrocinadora do Sorteio.

Patamares de Prêmios:

- 1° Patamar – Prémios inferiores a R$ 2.112, 00: serão pagos em dinheiro em qualquer ponto de venda, autorizados pela caixa.
- **2° Patamar – Prémios superiores ao valor de R$2.112,00 É efetuada somente nas agências**

Roseleine Cristina

71

da Caixa. Terás de apresentar pessoalmente, o Comprovante de Identidade original com CPF e recibo de Aposta Original e Premiado, Legível e sem Rasuras.

- 3° Patamar – Prémios iguais ou superiores a R$10.000,00 É efetuada somente nas agências da Caixa. Terás de apresentar Comprovante de Identidade original com CPF e recibo de Aposta Original e Premiado, Legível e sem Rasuras Serão pagos no Prazo mínimo de (02 dias úteis). O Apostador deverá certificar-se da veracidade e exatidão dos dados por si disponibilizados.

PERGUNTA CHAVE NÚMERO 08

Ganhei mais de R$ 5.000 reais o que fazer?

Roseleine Cristina

Manter a calma!

No Brasil, Prémios de valor igual ou superior a R$2.112,00 Reais devem levar sua identidade e dirigir-se presencialmente: deslocando-se às instalações da Caixa, (ver contato e horários) no site *www.caixaeconomicafederal.com.br*

PERGUNTA CHAVE 09

O Se o Prêmio estiver Acumulado, Como Saber Quanto Vou Ganhar?

A quantia que vais receber é determinada pelos números de ganhadores que acertaram os mesmos números que você. Não se Esqueça:

PERGUNTA CHAVE 10

Roseleine Cristina

73

Em Quanto tempo o dinheiro está Disponível na Conta?

Isso vai depender da quantia que você ganhou, O dinheiro, contudo, se for até o valor de R$ 10.000,00 **poderá estar disponível em até dois dias úteis após a entrega do bilhete de aposta** E será transferido para sua conta bancária.

PERGUNTA CHAVE 11

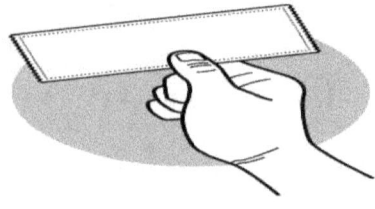

Até que horas posso comprar o bilhete?
O Estabelecimento revendedor, geralmente fecha as vendas do bilhete às 19:00 horas no dia do sorteio, mas você ainda tem uma saída; podes fazer a aposta pela internet até imediatamente, desde que seja antes do horário sorteio.

Roseleine Cristina

PERGUNTA CHAVE 12

SIM. PODE.

Posso atrair um Prêmio milionário usando a Lei da atração?

quer você acredite ou não, a loteria não vai deixar de premiar as pessoas só porque você não acredita que possa seja verdade. PÁGINA

PERGUNTA CHAVE 13

O Que Devo Fazer Após O Sorteio, ir pessoalmente á casa Lotérica ou Ligar?

Podes entrar no site da Patrocinadora, como citado anteriormente e verificar as informações de Resgate que podem sofrer alterações. Verifique o endereço da casa lotérica mais próxima ou Agência bancária. E planeje sua ida pessoalmente ao setor referente. Como já foi mencionado a casa lotérica não passa Valores que ultrapasse a quantia de R$ 2.112,00.

PERGUNTA CHAVE 14

75

Roseleine Cristina

Descobri que Ganhei uma Quantia muito alta, estou ansioso, o que fazer?

Entre no **Portal** da Caixa, preencha o formulário que se encontra na área: *"Receber os Meus Prêmios"* no site e depois dirija-se ao Departamento de Jogos para se identificar e receber o prêmio. O Dinheiro será transferido para sua conta. No próprio site você encontrará o endereço onde deve ir. E se estiver em outro país tais como tens de entrar em contato com a patrocinadora da Mega-sena.

PERGUNTA CHAVE 15

Como Devo Proteger minha Identidade?
Logo após o sorteio guarde o bilhete em local seguro. A coleta dos Números:

Roseleine Cristina

מאל

A entidade responsável pelo sorteio, as patrocinadoras do evento sabem com exatidão de onde foi feita Aposta, em que país e quantos ganhadores, de qual posto e agência e cidade foi efetuada a aposta. Só não sabem qual são os dados pessoais do futuro ganhador. A não ser que este tenha adquirido o bilhete e feito a aposta On-line. Então relaxe, nessa altura o seu bairro, e a sua cidade, sabem de onde saiu a aposta. Mas somente você sabe que ganhou!

PERGUNTA CHAVE 16

Sou Obrigado a me Identificar e Revelar Minhas Informações e revelar minhas Informações publicamente?

Isso é questão pessoal. Nada aconselhável. Mas é uma decisão unicamente sua de se expor. Requer muita reflexão, pois para evitar problemas, e inclusive o de colocar sua vida em risco, em tempos de crise pandemia, guerras e catástrofes das mais diversas, todo cuidado é pouco.

Roseleine Cristina

77

סאל

PERGUNTA CHAVE 17

EM QUEM DEVES CONFIAR?

Boa pergunta! Em quem?

Alguns, afirmam que não se deve confiar nem (*na própria sombra*) quando se trata de dinheiro. Pois, até a nossa "própria sombra", some nos dias de Escuridão.

Escolher em quem deves confiar será uma tarefa árdua, uma decisão pensada e repensada antes mesmo da aquisição do bilhete, antes do Resgate, e antes de começar a Investi-lo. Eu Acredito, que no início, o seu maior inimigo será:

Você. Mesmo!

E porquê? Por causa da sua Ansiedade, e claro tanta Felicidade, e a frustração em não poder contar para ninguém, ou por serem poucas as que se podem confiar.

PERGUNTA CHAVE 18

78

Roseleine Cristina

O que Fazer no dia do Resgate?

Roer as unhas, encher a cara, ir para o boteco tomar muitos copos? Reunir os amigos dar uma grande festa? Esvaziar a conta, e gastar o dinheiro as economias que você já tem lá? Esbanjar, pedir demissão e abandonar o emprego?... (*Tudo na expectativa de um dinheiro que ainda não recebeu*)? Vá fazer o que lhe der á cabeça. Mas lembre-se é hora de se alegrar. Mas Celebrações em grande escala; faça depois de meter a mão na Grana. Não seja tolo. Aja com prudência.

PERGUNTA CHAVE 19

É possível jogar mais de se 06 Números?

Sim.

É preciso estar disposto a pagar mais por isso. O próprio bilhete inclui um campo para indicar em quantas dezenas você está apostando. Só tem um problema: quanto mais números, mais cara fica a aposta **no Mega-sena.**

Roseleine Cristina

79

Enquanto um jogo de seis números em média custa R$4,50, valor este referente ao ano de 2023. (vide tarifa atualizada na casa lotérica ou Portal da caixa, para saber a tabela em vigor).

Você pode apostar o palpite máximo, com 20 números na mesma cartela. Mas o valor da

aposta irá aumentar consideravelmente. Uma aposta com 20 números irá custar uma fortuna.

Na cartela, preencha todos os números que deseja apostar e a quantidade de jogos por sorteio que desejas fazer.

Logo abaixo há espaços para fazer jogos, há um campo para indicar quantos números você está escolhendo e em quantos sorteios.

Você pode escolher 06 Números numa Aposta Simples.

Marque a quantidade de números que deseja apostar, e o terminal da loteria fará a leitura e passará o valor total da aposta.

Apesar de o preço subir quanto mais números se jogar, a chance de ganhar também é maior.

Roseleine Cristina

סאל

Com uma aposta com mais de 06 números, a probabilidade de acertar o prêmio principal aumenta consideravelmente.

Isso depende de quanto estás disposto a investir numa aposta. Considerando de que quanto mais aposta fizer mais chances de ganhar. Claro, mais apostas diferentes uma das outras, mais chances de acertar os números.

PERGUNTA CHAVE 19

Você pode ganhar dinheiro com 6, 4, 3, ou 2 números, basta acertar uma as combinações.

PERGUNTA CHAVE 20

E o Imposto de Renda, como é que fica?

Preciso. Declarar?

Segundo a Caixa Econômica Federal, o valor anunciado é o montante efetivamente pago ao ganhador. Ou seja: se o que cair na conta dos ganhadores é de R$ 10 milhões, então é isso que foi divulgado como prêmio.

Roseleine Cristina

Estas informações são de caráter informativo; no quesito do que se refere tributos, taxas e impostos devem ser confirmadas averiguadas com frequência pois podem sofrer alterações repentinas, esteja atento o que a Lei de seu país diz a respeito).

Prêmios de até R$ 1.903,98 são isentos de Imposto de Renda (IR). A partir desse valor, o leão entra em cena, e nada menos que 30% do dinheiro vai para a Receita Federal.

Ocorre que o prêmio anunciado já tem debitado esse valor. **Assim, se você ganhou R$ 7 milhões anunciados, o prêmio bruto era de R$ 10 milhões.**

Apesar disso, caso seja o feliz contemplado, ao levantar o prémio já livre de impostos, deve solicitar junto ao banco uma declaração ou um comprovante de prêmio para justificar a entrada de uma quantia enorme. No caso **conserve-a durante quatro anos**, para a eventualidade de vir a decorrer uma inspeção tributária no futuro. Os aumentos repentinos de património podem chamar a atenção dos

Roseleine Cristina

serviços da Receita Federal pelo que dessa forma poderá comprovar a origem do dinheiro.

Preste Atenção no prazo de retirada

Assim que corre o sorteio, o apostador tem 90 (noventa) dias para reivindicar o prêmio da Mega-sena.

Depois desse prazo, mesmo que o dono do bilhete vá à loteria ou ao banco, ele não consegue mais levantar o valor.

PERGUNTA CHAVE 21

Onde posso levantar o prêmio da aposta?

O **prêmio da Mega-sena** assim como os valores das apostas, podem ser retirados nas casas lotéricas se não passarem de R$ 2.112,00 (dois mil centos reais).

Se a premiação ultrapassar esse valor, o Ganhador deverá comparecer a uma agência

Roseleine Cristina

83

da caixa para tirar o valor da aposta, se a Aposta foi feita pelo Aplicativo, ou pelo site portal da caixa.

Já o vencedor do Prêmio Milionário, para quantias acima R$ 10.000,00, há outro detalhe. Nestes casos, é preciso alem de apresentar o bilhete e esperar aproximadamente 02 dias até que o dinheiro esteja disponível, e seja liberado, verifique com o gerente do banco.

PERGUNTA CHAVE 22

Posso retirar o prêmio da Mega sena pela internet?

Sim. Mas existem regras, isso varia com a quantia, dependendo do valor. Como já foi dito antes, você pode: Terás de comparecer, ou notificar pessoalmente a Entidade Patrocinadora do Sorteio.

Se a aposta foi feita pela internet, todas as regras para o resgatar, como valores e prazos, por exemplo, são as mesmas que recaem sobre os jogos feitos nos pontos físicos. Contudo, ainda assim é preciso comparecer a uma

Roseleine Cristina

מאל

agência ou lotérica para retirar o valor, se ele for o valor do Jackpot por exemplo.

Deves levar em conta o regulamento atual e em vigor, deves ligar e acessar o portal da patrocinadora do sorteio para obter informações atualizadas. O dinheiro levará alguns dias para cair em, ou seja, estar disponível em sua conta bancária.

Se esse for o seu caso, o primeiro passo é solicitar o dinheiro através da opção de resgate no site das Loterias. Na própria casa onde efetuou a aposta, podem lhe dar informações sobre o Resgate.

Depois disso, basta comparecer ao local indicado, levando documento de identificação válido com foto que comprove sua identidade e, por fim, o Código de Resgate. Por último, é necessário aguardar o prazo informado para o dinheiro cair na conta bancária.

Para ser um ganhador é preciso acreditar e fazer uma aposta. Sem apostador não há bilhete, e sem bilhete não há fortuna

Roseleine Cristina

85

סאל

Mantenha-se apegado à incredulidade, e em você mesmo, e nas coisas que dia após dia, continuarás vivendo o marasmo e uma pacata vida sem mudanças. Lembre-se a sua fé pode lhe levar a conhecer o sobrenatural. Tome uma atitude.

Roseleine Cristina

סאל

LOTE 11 DE APOSTAS:

31º 👑

TRIGÉSIMA PRIMEIRA COMBINAÇÃO PARA A
MEGASENA   31 32 39 42 43 51

32º 👑

TRIGÉSIMA SEGUNDA COMBINAÇÃO PARA A
MEGASENA   10 15 21 24 29 45

33º 👑

TRIGÉSIMA TERCEIRA COMBINAÇÃO PARA A
MEGASENA   14 21 22 29 35 46

Roseleine Cristina

סאל

LOTE 12 DE APOSTAS:

34º

TRIGÉSIMA QUARTA COMBINAÇÃO PARA A MEGASENA 03 20 22 32 35 50

35º

TRIGÉSIMA QUINTA COMBINAÇÃO PARA A MEGASENA 06 14 24 34 39 58

36º

TRIGÉSIMA SEXTA COMBINAÇÃO PARA A MEGASENA 20 33 42 44 51 56

Roseleine Cristina

LOTE 13 DE APOSTAS:

37º

TRIGÉSIMA SÉTIMA COMBINAÇÃO PARA A
MEGASENA   01 17 28 37 44 50

38º

TRIGÉSIMA OITAVA   COMBINAÇÃO PARA A
MEGASENA   04 27 33 35 38 41

39º

TRIGÉSIMA NONA COMBINAÇÃO PARA A
MEGASENA   05 23 29 34 53 60

Roseleine Cristina

ס״אל

LOTE 14 de APOSTAS:

40°

QUADRAGÉSIMA COMBINAÇÃO PARA A
MEGASENA 04 07 13 25 36 58

41°

QUADRAGÉSIMA PRIMEIRA COMBINAÇÃO
PARA A MEGASENA   04 09 17 19 37 60

42°

QUADRAGÉSIMA SEGUNDA COMBINAÇÃO
PARA A MEGASENA 08 18 20 24 36 45

Roseleine Cristina

LOTE 15 de APOSTAS:

43º 👑

QUADRAGÉSIMA TERCEIRA COMBINAÇÃO PARA A MEGASENA 04 15 30 36 39 48

44º 👑

QUADRAGÉSIMA QUARTA COMBINAÇÃO PARA A MEGASENA 03 19 25 44 46 57

45º 👑

QUADRAGÉSIMA QUINTA COMBINAÇÃO PARA A MEGASENA 23 24 26 44 49 60

Roseleine Cristina

LOTE 16 de APOSTAS:

46°

QUADRAGÉSIMA SEXTA COMBINAÇÃO PARA A
MEGASENA 12 13 25 37 39 41

47°

QUADRAGÉSIMA SÉTIMA COMBINAÇÃO PARA A
MEGASENA 02 06 44 46 53 58

48°

QUADRAGÉSIMA OITAVA COMBINAÇÃO PARA A
MEGASENA 6 12 14 17 18 19

Roseleine Cristina

LOTE 17 DE APOSTAS:

49º

QUADRAGÉSIMA NONA COMBINAÇÃO PARA A
MEGASENA 05 18 29 35 43 44

50º

QUINQUAGÉSIMA COMBINAÇÃO PARA A
MEGASENA 11 37 38 41 49 54

51º

QUINQUAGÉSIMA PRIMEIRA COMBINAÇÃO PARA
A MEGASENA 02 08 26 32 46 56

Roseleine Cristina

סאל

LOTE 18 DE APOSTAS:

52º

QUINQUAGÉSIMA SEGUNDA COMBINAÇÃO PARA
A MEGASENA   11 16 20 24 39 53

53º

QUINQUAGÉSIMA TERCEIRA   COMBINAÇÃO A
PARA A QUINA   07 23 32 41 42 47

54º

QUINQUAGÉSIMA QUARTA COMBINAÇÃO PARA
A QUINA   06 09 19 38 57 55

Roseleine Cristina

סאל

LOTE 19 DE APOSTAS:

55º 👑

QUINQUAGÉSIMA QUINTA COMBINAÇÃO PARA A MEGASENA   13 15 16 20 40 41

56 º 👑

QUINQUASÉSIMA SEXTA COMBINAÇÃO PARA A MEGASENA   09 13 22 25 26 31

57º 👑

QUINQUAGÉSIMA SÉTIMA COMBINAÇÃO PARA A MEGASENA   2 24 32 37 43 60

Roseleine Cristina

LOTE 20 DE APOSTAS:

58º

QUINQUAGÉSIMA OITAVA COMBINAÇÃO PARA A
MEGASENA   11 13 16 35 49 50

59º

QUINQUAGÉSIMA NONA COMBINAÇÃO
MEGASENA   08 26 30 31 38 48

60º

SEXTAGÉSIMA PRIMEIRA COMBINAÇÃO PARA A
MEGASENA   08 30 33 37 45 48

Roseleine Cristina

סאל

LOTE 21 de APOSTAS:

56º 👑

QUINQUAGÉSIMA SEXTA COMBINAÇÃO PARA A MEGASENA 16 30 37 39 40 51

57º 👑

QUINQUAGÉSIMA SÉTIMA COMBINAÇÃO PARA A MEGASENA 09 13 20 22 32 56

58º 👑

QUINQUAGÉSIMA OITAVA COMBINAÇÃO PARA A MEGASENA   05 08 13 27 36 50

Roseleine Cristina

סאל

LOTE 22 DE APOSTAS:

59º

QUINQUAGÉSIMA NONA COMBINAÇÃO PARA A MEGASENA 11 15 23 25 34 53

60º

SEXAGÉSIMA COMBINAÇÃO PARA A MEGASENA 26 27 28 32 38 51

61º

SEXAGÉSIMA PRIMEIRA COMBINAÇÃO PARA A MEGASENA 05 16 25 36 42 44

Roseleine Cristina

סאל

AFIRMAÇÕES PARA GANHAR
NA MEGA-SENA

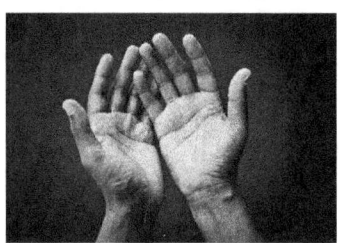

O que seriam estas Afirmações?

Seriam um conjunto de Frases, que o apostador, faz antes de dormir, ou mesmo pode ouvi-las durante o dia, e até mesmo em sua jornada de trabalho.

Tais informações agem no seu cérebro, como semente de positividade, diversos livros falam sobre o *Poder do Pensamento Positivo*, e *da Lei da atração* abordam este assunto. Mas para pensar é preciso reunir as afirmações certas, para alinhar á uma VIBRAÇÃO CERTA. Uma pessoa que pretende ganhar na Quina, deve criar essa consciência o mais breve possível.

Roseleine Cristina

A seguir, eu o Escritor, estou lhe presenteando com as Afirmações que podem mudar a sua vida.

Esteja em um local calmo e sossegado, de preferência ao dormir e ao despertar, caso não possa, faça as afirmações no horário que puder, use os fones de ouvido para diminuir o barulho.

Um coração, ingrato, egoísta e incrédulo necessita de encontrar a paz e liberar Perdão primeiro. O dinheiro com certeza consegue realizar seus sonhos materiais, mas há coisas que nem com todo dinheiro deste mundo consegue-se comprar. Uma delas é a Paz de espírito.

É Para fazer com que você passe a crer. Estamos trabalhando com a Matriz Divina e ela também é o Universo e o Amor. Comecemos:

Respire bem fundo, (03) três vezes.

Mentalize algo que lhe fez muito feliz nos últimos anos.

Visualize a lembrança com todos os detalhes.

Roseleine Cristina

Tome um copo com água.

Comece as 33 afirmações:

1. Eu sou merecedor da fortuna e Riqueza. Eu sou rico, próspero e tenho abundância de tudo, não me falta nada.
2. Eu ganho dinheiro através das apostas em todos os dias do Sorteio.
3. O universo me presenteia com várias quantias na Mega-sena.
4. Eu tenho posse do bilhete premiado.
5. Ganho na Mega-sena facilmente. Sonhei com todos os números do sorteio
6. Eu hoje sonhei que ganhei na Mega-sena.
7. Acertei os 06 números do Sorteio.
8. Sou rico Próspero e abençoado.
9. O valor acumulado da Megasena é meu.

Roseleine Cristina

101

10. Eu joguei as dezenas e ganhei na Mega-sena

11. Sou o novo Milionário da Mega-sena.

12. Obrigada Universo pelos Milhares de Reais que entraram na minha conta.

13. Obrigada por Este Livro o Escritor me abençoou com a sabedoria da Riqueza.

14. Finalmente poderei realizar os meus sonhos os meus números foram sorteados.

15. Deus me criou para viver uma vida abundante eu tenho o número do Grande Prêmio no meu bilhete.

16. Ganhar na Mega-sena é fácil, os números que joguei, saíram todos.

17. Acordei hoje peguei meu livro, fiz minhas afirmações, a minha intuição me fez comprar o bilhete premiado.

18. Fui abençoado desde o dia que comprei este livro, aprendi que a Riqueza é um Dom, e

Roseleine Cristina

מאל

finalmente poderei ajudar meus pais e toda minha família.

19. Eu não acreditava na sorte, era escravo do trabalho, mas hoje sou o ganhador do sorteio, de empregado me tornei patrão.

20. Meus filhos nunca mais passarão dificuldade, sou rico próspero e ganhador de milhares de Reais na Mega-sena.

21. Na próxima semana estarei com a quantia milionária na minha conta.

22. Os céus e os anjos conspiram a meu favor, pois sou trabalhador honesto e merecedor, a fortuna me pertence.

23. Eu nasci para ser feliz, por isso a riqueza e prosperidade visita a minha casa

24. A mensagem deste Livro entrou no meu coração. Hoje eu acertei os números da Mega-sena.

25. Os Milhões da Loteria estão vindo em minha direção.

Roseleine Cristina

סאל

26. Os meus números foram sorteados, ganhei na loteria. Eu Marquei os Números certos, acertei todos.

27. Sou o mais novo ganhador dos milhões sorteados na mega-sena.

28. Eu ganho facilmente na Mega-sena.

29. Saio de casa compro o bilhete e acerto os números da Loteria.

30. Estou Feliz, Grato pelos Milhões de Reais que Ganhei hoje.

31. Obrigado Universo, abençoado seja meu dia, abençoado seja meus números.

32. Eu acesso ao poder da Matriz Divina e sou abençoado com milhões.

33. Eu sou o ganhador do Prêmio Milionário Sou Grata ao Universo e a Matrix Divina. Obrigada.

Roseleine Cristina

סאל

LOTE 23 DE APOSTAS

62°

SEXTAGÉSIMA SEGUNDA COMBINAÇÃO PARA
A MEGA-SENA 04 11 12 44 45 57

63°

SEXTAGÉSIMA TERCEIRA COMBINAÇÃO PARA
A MEGA-SENA 02 03 25 39 42 49

64°

SEXTAGÉSIMA QUARTA COMBINAÇÃO PARA A
MEGA-SENA   06 14 20 39 46 48

Roseleine Cristina

LOTE 24 DE APOSTAS

65° 👑

SEXTAGÉSIMA QUINTA COMBINAÇÃO

01 22 16 44 57 60

66° 👑

SEXTAGÉSIMA SEXTA COMBINAÇÃO

02 05 29 36 41 55

67° 👑

SEXTAGÉSIMA SÉTIMA COMBINAÇÃO

13 23 43 54 58 59

Roseleine Cristina

סאל

LOTE 25 DE APOSTAS

68° 👑

SEXTAGÉSIMA OITAVA COMBINAÇÃO

03 19 21 37 44 51

69° 👑

SEXTAGÉSIMA NONA COMBINAÇÃO

04 20 22 38 54 55

Roseleine Cristina

LOTE 26 DE APOSTAS

70° 👑

SEPTUAGÉSIMA COMBINAÇÃO MILIONÁRIA PARA A MEGASENA 08 17 30 36 54 59

71° 👑

SEPTUAGÉSIMA PRIMEIRA COMBINAÇÃO PARA A MEGASENA 27 35 42 44 51 52

72° 👑

SEPTUAGÉSIMA SEGUNDA COMBINAÇÃO PARA A MEGASENA 09 21 25 26 36 53

Roseleine Cristina

סאל

LOTE 27 DE APOSTAS:

73°

SEPTUAGÉSIMA TERCEIRA COMBINAÇÃO PARA A MEGASENA 08 11 13 33 38 48

74°

SEPTUAGÉSIMA QUARTA COMBINAÇÃO PARA A MEGASENA 06 22 25 29 30 60

75°

SEPTUAGÉSIMA QUINTA COMBINAÇÃO PARA A MEGASENA 10 12 14 32 33 34

Roseleine Cristina

LOTE 28 de APOSTAS:

76º 👑

SEPTUAGÉSIMA SEXTA COMBINAÇÃO PARA A MEGASENA 01 19 35 40 47 54

77º 👑

SEPTUAGÉSIMA SÉTIMA COMBINAÇÃO PARA A MEGASENA 09 23 28 40 48 59

78º 👑

SEPTUAGÉSIMA OITAVA COMBINAÇÃO PARA A MEGASENA 01 08 11 22 30 35

Roseleine Cristina

LOTE 29 DE APOSTAS

79°

SEPTUAGÉSIMA NONA COMBINAÇÃO PARA A MEGASENA 01 02 11 12 34 49

80°

OTCOGÉSIMA COMBINAÇÃO PARA A MEGASENA
04 13 14 21 30 34

81º

OCTÓGÉSIMA PRIMEIRA COMBINAÇÃO MILIONÁRIA PARA A MEGASENA 14 23 29 41 57 58

Roseleine Cristina

סאל

82º

OCTOGÉSIMA SEGUNDA COMBINAÇÃO PARA A
MEGASENA   **17 20 26 36 42 54**

83º

OCTOGÉSIMA TERCEIRA COMBINAÇÃO PARA A
MEGASENA   **10 11 17 19 37 41**

84º

OCTOGÉSIMA QUARTA COMBINAÇÃO PARA A MEGASENA
07 40 44 50 52 57

Roseleine Cristina

Evite ser negligente

Melhor prestar atenção

na próxima Página

Roseleine Cristina

COMO
INVESTIR
O PRÊMIO
DA MEGA-SENA

Roseleine Cristina

COMO INVESTIR O DINHEIRO

Ganhou no Mega-sena e agora?

Meios de Investir o dinheiro:

Estarei listando no decorrer deste livro os mais variados meios de investir, mas aqui está alguns deles:

Imóveis -Mercado de ações - Parcerias -Poupanças – Franquias -Aquisições de Seguros- Títulos do Governo – ouro- Contas Offshore – Cofres: investimento em Moeda de outra espécie- Fundos de Investimento- Indústria Farmacêutica- Indústria Alimentícia - Pecuária – Terras para Plantio e Animais. Agronomia-Inteligência Artificial – Robótica – Moda – Entretenimento

POUPANÇA

Algumas modalidades de Poupança se a usares como conta corrente, perdem os lucros

115

Roseleine Cristina

mensais. Então evite fazer operações de saques, levantamentos. Poupança é poupança.

FUNDOS DE INVESTIMENTO

Procure o Balcão de atendimento de seu banco fale com seu gerente. Ele lhe dará orientações de como proceder, qual melhor plano para si. O tipo de Aplicação de Investimento que melhor faz render seu dinheiro.

BOLSA DE VALORES

Roseleine Cristina

סאל

O mercado de ações pode parecer muito atraente, nunca se ouviu falar tanto em ações e cripto Moedas como agora. Mas para quem não percebe nada, e não tem experiência alguma pode ser uma grande armadilha. Primeiramente o investidor precisa entender um pouco como funciona o Mercado antes de colocar na mão de terceiros o seu dinheiro. Como diz o ditado "dinheiro na mão é vendaval". O correto é iniciar aos poucos, e observar o retorno, verificar a idoneidade da empresa, estar a par dos riscos e das garantias

Checa se há fraudes, reclamações ou denúncias envolvendo a tal empresa que pretendes contratar e que vai intermediar a sua cartela de investimentos, na internet mesmo podes fazer isso. Procurar saber se a empresa está envolvida em qualquer escândalo e se encontra com o nome sujo.

Estes são os cuidados iniciais que o investidor iniciante deve ter quando pensa em investir em ações. O ideal é fazer cursos na área se puder faça os online, mas o mais viável seria é ter

117

Roseleine Cristina

aulas presenciais. Escolha o melhor método, o mais prático. Depois de ter feito isso, é começar aos poucos, quanto maior o valor investido maior o risco de perda. Abaixo há algumas sugestões de Empresas que trabalham neste setor. Bem como uma lista das empresas;

NASDAQ, Nike, Coca cola, Monster, e Bancos, Empresas de Energia, Petróleo, Ramo Franquias Entretenimento, Indústria farmacêutica, e Indústria alimentar.

CONTAS OFF-SHORE

Quem nunca ouviu falar em grandes políticos e empresários que fizeram desvios de verbas e enviaram seu dinheiro para outros países? E porque não, se beneficiar de uma conta Poupança em outra moeda. Aproveite o momento, já que tens o poder aquisitivo que

Roseleine Cristina

118

lhe permite efetuar viagens para fora. E quais as vantagens? Além de ter o teu dinheiro rendendo em moeda podes comparar as margens de lucro de cada uma. Abrir uma conta em outro país não é tão burocrático quanto parece. Alguns países oferecem este benefício para o turista/imigrante, bancos só exigem passaporte para a abertura. E se vivo em outro país como faço para resgatar o dinheiro sendo residente em outro

A maioria dos bancos dispõem de cartões que são capazes de levantar dinheiro em qualquer caixa automático. A desvantagem é que estes levantamentos são limitados e grandes quantias não consegues efetuar, e há um limite diário para tal. Outra praticidade é o uso da plataforma online onde você faz facilmente transações de transferência para seu banco de origem, independente de qual banco e qual cidade esteja, claro isto acresce tarifas de envio nas transações, mas como já frisei acima, poupança é poupança, esta direcionada para render lucros.

Roseleine Cristina

É uma boa opção ter uma conta em euros e outra em dólares, mesmo porque são uma das moedas que mais são supervalorizadas no mundo. Pense Nisto!

Franquias

é um ramo que tem crescido internacionalmente, a desvantagem de abrir um novo nicho, a sua empresa e oferecer o seu produto é que o empresário por conta própria terá de criar seu nome, fazer sua própria cartela de clientes, e isso não é da noite para o dia. Considerando que a maior parte das franquias oferecem assessoria inclusa no pacote de adesão. Eles já estão no mercado há anos, já tem o nome e o produto conhecido. Exemplo no caso do McDonalds, uma grande franquia de sucesso no ramo de fast food, um dos sanduiches mais famosos do mundo está em seu cardápio. Seria uma grande honra ser proprietário de uma franquia destas.

O que você precisa ter?

Roseleine Cristina

Experiência no ramo é um PLUS, um diferencial, mas não é um impedimento e se gostas da área alimentícia, de restauração, então e está comprometido a arregaçar as mangas e fazer dinheiro e se tornar um empresário de sucesso é um caso a se considerar.

RAMO FARMACEUTICO

Cada vez as pessoas ficam mais doentes, e quem nunca sentiu dor alguma na vida?

Toda humanidade já fez uso de algum medicamento, independente de estar doente ou não, numa era de guerras e pós pandemia, diante de tudo que passamos em 2020 com o COVID19, este ramo nunca sofrera tanto, o índice de crescimento é alto e nunca se houve tanta procura e tanto uso de remédios como atualmente. Outro dia fiz uma pesquisa no meu

Roseleine Cristina

אאל

bairro, bem na região onde moro encontrei 07 farmácias uma perto da outra em curto espaço de distância, algumas centralizadas quase no mesmo quarteirão.

Imagine só, apenas imagine o quanto a indústria farmacêutica não lucrou com os milhares e milhares de exames que foram feitos durante a pandemia. É só dar asas a sua imaginação e perceberas que este ramo é uma galinha dos ovos de ouro. Todo nicho, ou todo ramo que fores tentar investir vai requerer um certo despreendimento força de vontade, e capacitação para o mercado. Uma pessoa que ganhou tanto dinheiro na Mega-sena, tem o dever de multiplicar seu património, o ganhador do prêmio tem em mãos a oportunidade de dobrar ou triplicar seu patrimônio.

Não quer trabalhar?

Sem problemas. Foi empregado a vida inteira. Chegou a hora de ser patrão, de pôr outros para trabalhar para si. De ganhar dinheiro com a mente, com a gestão, a roda girou e você

Roseleine Cristina

agora está em posição de privilégio. Aproveite a oportunidade e arrisque. Melhor que ficar parado, tem um ditado que diz "mente vazia é oficina do Diabo".

Eu acho a palavra diabo, um pouco pesada, mas tentando entender este ditado, as vezes somos nós que criamos nossos próprios demónios. Mantenha o foco de multiplicar e fazer dinheiro com o dinheiro que ganhou, que a fera consumista dentro de você estará controlada. Não é porque ganhaste na Megasena que agora a vida é só gastar, se não há entradas e só a saídas, então sua vida de rico estará com os dias ou anos contados.

 **Viver da Renda de Imoveis.**

Sim, é correto afirmar que dá sim para lucrar com o ramo imobiliário, eu sugiro que ao invés de comprar um apartamento de 2/3 quartos, optasse por comprar dois t1 pelo preço de um. Pois o valor da renda deles está quase igual a

123

Roseleine Cristina

do outro, podes colocar uma boa mobília la, e alugar para casais ou estudantes.

Ou podes também comprar o imóvel de 03 quartos ou mais e alugá-los individualmente, muita gente vive disto. Dá um pouco dor de cabeça, os inquilinos muitas vezes não zelam do imóvel, entretanto é uma boa ideia e esta muito comum este tipo de investimento, visto que a procura está muito maior que a oferta.

Nas grandes capitais é quase impossível encontrar algo de jeito, e o valor da renda esta cada vez mais alto. Em contrapartida a renda não para de subir, e os imóveis valorizam cada vez mais. Estamos falando em ter rendimento fixo e por resto da vida, isso soa bem aos ouvidos, pois não? Claro que sim. É como música suave para nossos ouvidos. Só de pensar que os lados se inverteram, tenho vontade de rir e não parar mais, até ontem a pessoa vivia de favor e pagava aluguel, depois que ganhou na Mega-sena a vida deu uma guinada de 360 graus. É preciso saber viver, é

Roseleine Cristina

preciso saber usufruir de todos estes benefícios que a loteria lhe proporcionou.

Claro, houve um saque significativo do valor ganho, entretanto seu dinheiro não está parado, está investido e rende muito mais que a poupança, sem falar que todos os meses podes contar com este dinheiro em conta. Criar parcerias também é algo que deve ser bem analisado, mas as vezes penso no que minha falecida vó me dizia: *"meia é só a do pé"*, e quando escuto isso até deixa meu cabelo do C* fica arrepiado.

E. Porquê?

Esse termo era muito usado quando eu era pequena, para significar quando uma pessoa decidia entrar em sociedade, parceria com outra, "parceria á meia" onde os deveres, lucros e responsabilidades eram divisíveis igualmente. Ouvimos tantos relatos de gente que sacaneou, enganou, roubou, o sócio que por vezes pensamos; **será que vale mesmo a pena? O Risco benefício**?

Roseleine Cristina

É inteligente que antes de entrar em qualquer furada busque auxílio de um bom contador e um advogado para lhe orientar e construir contratos que tenha validade jurídica perante as leis Vigentes. Desta forma ficas respaldado, claro isso não vai impedir seu sócio de agir de má-fé, mas irá evitar muita dor de cabeça. Procurar opinião de pessoas que não tem vínculo e laços familiares ou faça parte de sua roda de amigos em comum. Isso sim é uma atitude prudente.

Quantos dias você voltará a ser pobre novamente?

Isso depende do quanto você consome ou retira do seu valor bruto. De quanto você está gastando e repondo de volta. E depende também da velocidade em que você faz isso, na rapidez que gasta parte da fortuna que ganhaste. E consequentemente das Despesas que você adquiriu depois que ficou rico, tais como: seguro de carro, da casa, contas de água, luz telefone, imposto da casa, despesas

Roseleine Cristina

מאל

com condomínio, alimentação, vestuário,
entretenimento, Farmácia e Escola.

DESVENDANDO O SEGREDO PARA GANHAR

Eu estudei minuciosamente aqueles que fazem
para ganhar, todos os vencedores adquiriram
de alguma forma o bilhete. Mas apostar é uma
ação, e cada Ação gera uma reação, quem quer
ganhar na Mega-sena precisa entender que o
segredo também está nos números e na
frequência da aposta. Na escolha deles na
vibração que se envia para o Universo. A fé, a
Persistência e a Frequência Vibracional.
Somente através da sua fé poderás conhecer o
sobrenatural.

Roseleine Cristina

סאל

23

PALAVRAS CHAVES

QUE ATRAEM RIQUEZA

MEGA-SENA RIQUEZA Fortuna Loteria Sorte **Dinheiro** **Moeda** Prosperidade Abundância **Aposta** Milhões Reais Jogador **Bilhete** **Premiado** Sorteio **Finanças** **Contabilidade** **Investimento Rico** Próspero Abundante **Feliz**

Repita durante 21 dias e veja o que acontece.

Roseleine Cristina

LOTE 31 DE APOSTAS:

85º

OCTOGÉSIMA QUINTA COMBINAÇÃO PARA A MEGASENA

17 39 43 46 52 53

86º

OCTOGÉSIMA SEXTA

COMBINAÇÃO PARA A MEGASENA

04 19 27 35 40 44

87º

OCTOGÉSIMA SÉTIMA COMBINAÇÃO PARA A MEGASENA

01 09 19 21 34 54

Roseleine Cristina

88º

OCTOGÉSIMA OITAVA COMBINAÇÃO PARA A MEGASENA

11 12 20 40 41 46

89º

OCTOGÉSIMA NONA COMBINAÇÃO PARA A MEGASENA

19 21 26 31 42 49

90º

NONAGÉSIMA COMBINAÇÃO PARA A MEGASENA

13 20 24 25 38 41

Roseleine Cristina

130

LOTE 33 DE APOSTAS:

91º

NONAGÉSIMA PRIMEIRA COMBINAÇÃO PARA A MEGASENA

08 10 17 29 37 40

92º

NONAGÉSIMA SEGUNDA COMBINAÇÃO

14 15 47 50 56 59

93º

NONAGÉSIMA TERCEIRA COMBINAÇÃO

02 11 20 31 43 47

Roseleine Cristina

131

LOTE 34 DE APOSTAS:

94º

NONAGÉSIMA QUARTA COMBINAÇÃO PARA A MEGASENA

01 31 44 46 53 58

95º

NONAGÉSIMA QUINTA COMBINAÇÃO PARA A MEGASENA

07 12 24 27 39 58

96º

NONAGÉSIMA SEXTA COMBINAÇÃO PARA A MEGASENA

01 07 28 30 44 46

Roseleine Cristina

132

סאל

LOTE 35 DE APOSTAS:

97º

NONAGÉSIMA SÉTIMA COMBINAÇÃO PARA A MEGASENA

11 16 24 46 54 55

98º

NONAGÉSIMA OITAVA   COMBINAÇÃO PARA A MEGASENA

06 12 31 32 46 60

99º

NONAGÉSIMA NONA COMBINAÇÃO PARA A MEGASENA 04 14 23 39 41 52

Roseleine Cristina

133

סאל

LOTE 36 de APOSTAS:

100° 👑

CENTÉSIMA COMBINAÇÃO PARA A MEGASENA

02 03 06 18 20 28

101° 👑

CENTÉSIMA PRIMEIRA   COMBINAÇÃO

05 18 30 35 39 60

102° 👑

CENTÉSIMA SEGUNDA   COMBINAÇÃO

19 20 26 51 52 57

103° 👑

CENTÉSIMA TERCEIRA COMBINAÇÃO 14 25 34 46 59

Roseleine Cristina

134

PLANILHA DO GANHADOR

BENS MÓVEIS		
Novo Usado Financiado		
Quanto de Entrada		
Carro		
Moto		
Bicicleta		
Lancha		
Barco		
Caminhão		
Valor Total do Investimento _____		

Roseleine Cristina

IMOVEIS

Novo Usado   Financiado   -   Quanto de Entrada

Casa _____

Apartamento_____

Mansão _____

Vivenda_____

Fazenda_____

Valor Total do Investimento á Vista_____
Financiamento à Prazo. _____

BELEZA / SAÚDE

Botox   _____

Fios Tensores   _____

Implante seios   _____

Implante Glúteos _____

Ácido Hialurônico _____

Lipoaspiração   _____

Roseleine Cristina

סאל

Rinoplastia _____

Cirurgia bariátrica _____

Hospedagem em SPA _____

Outros Procedimentos: _____

MEDICINA DENTÁRIA

Tratamento dentário_____

Implante Dentário _____

Limpeza e trat. Simples _____

Clareamento _____

Cirurgia Reparadora _____

PLANOS DE SAÚDE

AGÊNCIAS:

Plano Familiar cobertura Total _____

Valor do investimento:

Mensal ____. Anual _____

137

Roseleine Cristina

VIAGENS

Quais países deseja conhecer? Liste-os.

1._____

2_____

3_____

4_____

5 _____

6 _____

O quanto tempo deseja permanecer? _____.
Quantas pessoas vão contigo? _____.

Quais os Meios de Transporte serão usados?

Avião _____ Táxi: _____
Carro _____ ônibus _____
Cruzeiro _____

Alimentação incluída? __ sim __ não

Passagens/Bilhete _____.
Valor total do Investimento _____

Roseleine Cristina

Fazer a lista de compras do que desejara comprar, roteiro de passeio, bem como todo os valores.

Total: _____

Tipo de Hotel:

1 ou 2 estrelas
3 ou 4 estrelas
Acima de 5 estrelas

Imóvel alugado dias x valor da diária igual valor do custo. Veja o que realmente lhe interessa no hotel a escolha correta, vai determinar o grau de conforto, e o quanto você estará disposto a gastar. A escolha do Roteiro para saber o investimento total.

Outras Especialidades Médicas:

Valores devem incluir, os seus gastos, bem como os de todos familiares e amigos que queres ajudar.

Roseleine Cristina

FACULDADE

_____

_____

_____

_____

_____

——

Outros projetos Pessoais

_____

_____

_____

_____

PESSOAS QUE VOU AJUDAR LISTA E VALOR

_____

_____

_____

_____

_____

_____

Roseleine Cristina

COMBINAÇÕES

PARA

MEGA DA VIRADA

Roseleine Cristina

CURIOSIDADES SOBRE A MEGA DA VIRADA

O que é A MEGA DA VIRADA?

Um concurso Especial de Fim de Ano, A MEGA-SENA oferece um Prêmio Milionário, a seu acertador principal, o sorteio acontece mesmo na Virada, no de fim de Ano. Assim o Ganhador começa o ano que se inicia, com o pé direito. *E quem não quer ganhar a Esse dinheirão0?*

E assim como todo mundo adora fazer essa *"fezinha"*, e a grande pergunta é: *o que vai fazer com todo esse dinheiro?* Se levar em conta nos dias atuais (e a previsão do prêmio), esses milhões em uma poupança rende uma bagatela de (mais ou menos) 1,2 milhão por mês, algo em torno de 40 mil por dia.

Imaginemos, caso você for o sortudo que levar essa grana toda sozinho, nesse primeiro ano, vai estar ganhando igual ou quase um *"salário"* maior ou

Roseleine Cristina

142

 סאל

muito parecido com o do Jogador de Futebol Cristiano Ronaldo, do Messi e do Neymar Juntos (*respetivamente, 17, 16 e 15 milhões de euros por ano*). E sem precisar treinar nenhum dia.

Mas para isso acontecer você precisa efetuar uma aposta, tem gente que acha impossível, e segue duvidando e nada ganha com isso. Enquanto isso, A mega sena continua a fazer milionários todos os anos. E A loteria não vai deixar de premiar as pessoas só porque você não acredita. Todos os anos tem um acertador, e este ano pode ser, você!

Permita-se ser atingido por um raio da sorte. Faça a Aposta.

12 combinações MILIONÁRIAS

143

Roseneine Quisana

CADA UMA REPRESENTANDO 01 MÊS

DO ANO QUE SE INICIA:

1º

PRIMEIRA COMBINAÇÃO NUMÉRICA

02 12 13 14 24 49

2º

SEGUNDA COMBINAÇÃO NUMÉRICA
01 11 19 25 34 47

3º

TERCEIRA COMBINAÇÃO NUMÉRICA
03 10 17 29 35 50

Roseleine Cristina

סאל

4º

QUARTA COMBINAÇÃO NUMÉRICA
04 09 18 23 27 41 42

5º

QUINTA COMBINAÇÃO NUMÉRICA
05 06 19 20 38 48

6º

SEXTA COMBINAÇÃO NUMÉRICA
07 10 15 16 29 32

Roseleine Cristina

סאל

7º

SÉTIMA COMBINAÇÃO NUMÉRICA
08 01 20 30 37 41

8º

OITAVA COMBINAÇÃO NUMÉRICA
09 12 16 18 28 60

9º

NONA COMBINAÇÃO NUMÉRICA
03 06 12 19 23 59

Roseleine Cristina

10º

DÉCIMA COMBINAÇÃO NUMÉRICA
09 01 11 15 22 53

11º

DÉCIMA PRIMEIRA COMBINAÇÃO
NUMÉRICA **09 02 18 19 33 52**

12º

DÉCIMA SEGUNDA COMBINAÇÃO
NUMÉRICA **12 03 16 30 39 43**

Roseleine Cristina

*   **Biografia do Escritor**

Roseleine Cristina (Nascida em 30 de novembro de 1975) é uma escritora sul-americana que aborda Lei da Atração e Física Quântica - Autora da Série; *Tudo é Possível Com,* entre outros livros.

Gênero Literário: Autoajuda Desenvolvimento Pessoal e Gestão Empresarial.

BIOGRAFIA

Nascida em 1975, ela cresceu em uma família **católica romana** pobre, o que a encorajou a buscar a verdade para resolver seu conflito existencial. Sua avó foi sua primeira mentora e a ensinou a ler e escrever, embora ela fosse quase uma analfabeta. Foi ela quem a ensinou a ver, a vida sob uma nova perspectiva. Na infância enfrentou tanta pobreza que a fé e as crenças da avó a intrigaram; Depois, a miséria e a fome, e a avó, não abandonou a Fé em um só Deus. E ela sempre tinha um sorriso no rosto, e agradecia até com as sobras de comida e legumes que ganhávamos na Feira Local. Foi então que Roseleine, perguntou *como era possível acreditar na provisão Divina e viver uma vida de total escassez?* Sua Avó a influencia profundamente: *"Mantenha sempre sua Fé em Deus, não importa o que aconteça, É Nele que encontramos Força e Poder"*

Roseleine Cristina

148

O interessante de Roseleine, é que sua mãe engravidou quando tinha apenas 13 anos. E tentou doá-la assim que nasceu, enquanto ela ainda estava no Hospital. Mas foi imediatamente impedida por sua avó, que afirmou: "Nem um cachorro faria isso com cachorrinhos, somos todos filhos de Deus". Desde criança manteve-se interessada pelas perguntas Sobre Deus, procurava encontrar respostas para as frustrações e Dilemas. Sua mãe biológica faleceu em março de 2024, sem ambas terem a chance de se despedir. E de sua série se tornar um dos maiores best seller do mundo.

Carreira

Roseleine é filha de mãe solteira e pai desconhecido, interessada nas questões de Deus e em entender o sentido da vida e o motivo da dor e do sofrimento, então iniciou sua jornada estudando Religiões e nunca mais parou. Ele estudou Filosofia, Bíblia, Cabalá e Física Quântica. Anos depois ingressou nos estudos universitários e anos depois teve de abandoná-lo por falta de recursos financeiros. Roseleine aprendeu sozinha a falar inglês e espanhol, trabalhou em uma escola de idiomas e tornou-se assistente de professora de inglês. Anos mais tarde mudou-se para Portugal, onde encontrou trabalhou como Assistente de Ação Direta em Lares e Hospitais. Foi lá que ao ver pessoas morrerem na sua frente, ela recebeu Motivação Divina para continuar escrevendo.

Ele conheceu o mundo da Dor, do Sofrimento e do Abandono. Mas foi depois da Tentativa de Suicídio e Internação da Filha num Hospital Psiquiátrico de Lisboa, que teve um encontro com **Matrix**, *como ela chama; "O Despertar" que promete Mostrar a*

149

Roseleine Cristina

Verdade ao mundo através de seus livros; como atrair seus objetivos usando a Lei da Atração através da Fé, incluindo atrair um prêmio de loteria.

Depois de ver seus recursos se esgotando para ajudar a família, Roseleine ficou desempregada e sem condições de pagar o aluguel e passou a morar em seu carro. Na Celebração de **Rosh Hashanah** (em hebraico; ראש השנה, lit, cabeça do ano), o **"Ano Novo Judaico"**, é um Festival que ocorre no primeiro dia do primeiro mês do Calendário Judaico. E mais precisamente durante a Festa de **Yom Kippur,** Seguindo a Tradição Judaica, ela se isolou e em angústia escreveu uma pergunta *a* **Yahweh, YHWH,** onde perguntou ao Criador: *Qual é a sua missão de vida nesta terra.* Ela ouviu uma voz que lhe respondeu. Essa e outras questões que mais tarde viraram a Série *"Tudo é Possível Com".*

Escritos = Tudo é possível com séries

Segundo ela, seus livros são inspirados em Deus e podem ajudar as pessoas a se relacionarem com o Universo como um todo. Mergulhe no "Conhecimento Moderno". O Deus em seus livros, por exemplo, diz que: *"Esta Fonte é a Matriz, Por Ela para Ela, e através dela, são todas as coisas, e sem ela nada do que foi feito se Fêz.*

*Roseleine acredita que (**Matriz**) é com o que os humanos estão tentando se comunicar. Sua Filosofia se expressa como uma nova espiritualidade: Expansão Mental através do Pensamento Positivo e do Eu Superior. É a Unificação Mundial de todas as religiões, para a Manifestação de uma **Nova Era**. Estamos todos conectados Nêle, e. Nele somos*

Roseleine Cristina

.*todos um. E através de um plano de Salvação somos redimidos e transformados para podermos viver uma Nova Realidade.*

Seus Ensinamentos podem ser classificados como de natureza *espiritualista* e pertencentes aos Estudos da *Lei da Atração,* **Física Quântica** do **Novo Pensamento** e da **Nova Era.** Ainda existem muitas semelhanças entre sua filosofia e alguns Ensinamentos com *Tradição Judaica e da Cabala*, sendo esta última rejeitada. Politeísmo, uma diferença fundamental.

OUTROS SUCESSOS DO AUTOR:

Roseleine Cristina

151

DESEJA FICAR MILIONÁRIO EM OUTRO PAÍS?

Preste bem atenção; dentre os mais variados países do continente europeu, Portugal é uma boa opção para investir, mesmo porque €1, equivale a quase 06 vezes mais a moeda do Brasil. Além de ser beneficiado com fortes ligações Diplomáticas e de ser o mesmo idioma falado, o País oferece várias áreas em ascensão para investir, e imigrar, beneficiado pela força do Euro, o que propiciará se tornar se estabilizar financeiramente facilmente. Veja só; com €100.000 euros, já podes ser considerado dono de mais de meio milhão de reais. Sugiro que Leia o Livro: Como Ganhar no Euromilhões Resgatar o Prêmio e Investir o Dinheiro. DESEJA IMIGRAR PARA EUROPA REALIZAR O SONHO DE VIVER EM OUTRO PÁIS? ENTRE EM CONTATO COM A CENTRAL DE ATENDIMENTO AO LEITOR. RECEBA DICAS SOBRE O ASSUNTO.

Roseleine Cristina

UMA PRENDA PARA O LEITOR

Para ser um dos primeiros 50 ganhadores do E- Book 02 sobre Finanças, gratuito desta edição envie 01 email com: envie mensagem para: readertoservice@gmail.com Com a foto da Guia, Fatura ou Recibo de compra deste livro. E dirija-se ao canal: https://www.youtube.com/@EscritoraRoseleine

1. Dê a sua opinião do que você mais gostou do conteúdo deste livro, Qual Tema você gostaria fosse abordado em minhas próximas edições.
2. Envie este link para 03 amigos que você acreditar que merece ganhar um prémio também. Se quiser pode adicionar o nome e o email do amigo. Se for o ganhador você e seu amigo ganharam um presente da escritora.

Roseleine Cristina

153

Boa Sorte!

>>>>>>>>>>>>>>>>>>>

Roseleine Cristina